Walter Jakoby
Was uns blüht

AF282360

Bibliografische Information der Deutschen Nationalbibliothek:
Die Deutsche Nationalbibliothek verzeichnet diese
Publikation in der Deutschen Nationalbibliografie;
detaillierte bibliografische Daten sind im Internet über
http://dnb.dnb.de abrufbar.

Herstellung und Verlag:
BoD – Books on Demand, Norderstedt
ISBN: 978 – 375 970 4993

Walter Jakoby

Was uns blüht

Gedankenkeime, neue Saat

Inhalt

Vorwort

„Was uns blüht", hat einen bangenden Unterton, was per se gar nicht von der Hand zu weisen ist, aber tatsächlich ist doch, was uns blüht, durchaus schön, wie blühende Bäume im Frühling oder im Frühsommer eine Wiese voller Blumen und ist die nicht am schönsten, wenn die Saat bunt gemischte Keimlinge enthält und daher habe ich Worte, Sätze und Gedanken geerntet, gesiebt, miteinander kombiniert, neu formuliert, gerne auch mal auf den Kopf gestellt und so die neue Saat nicht sortiert – möglicherweise vermuten Sie, weil es mir nicht gelungen ist, geeignete Kategorien zu finden, was durchaus stimmen mag – sondern bunt zusammengestellt, mit einprägsamen Bildern, ungewohnten Definitionen, umgewendeten Redewendungen, kalauernden Wortspielen, minimierten Maximen und merk-würdigen Aphorismen, so es sich denn um solche handelt, in der Hoffnung, Sie zum Stöbern, manchmal zum Schmunzeln, vielleicht auch zum Staunen und, vor allem, zum Sinnieren darüber zu bringen, was uns denn nun so alles blühen könnte.

Walter Jakoby, 2024

Autor

Nach Studium und Promotion gründete Walter Jakoby ein Startup, das Systeme für die Automatisierung technischer Anlagen entwickelte. Als Geschäftsführer leitete er zahlreiche Projekte in den Bereichen Software, Elektronik, Automation und Mechatronik, so wurde z.B. eine Anlage zum automatisierten Heben von Gebäuden realisiert.

Seinem Bestreben folgend, schwierige technische Sachverhalte nicht nur praktisch anzuwenden, sondern sie umfassend zu verstehen und verständlich zu erklären, folgte er einem Ruf auf eine Professur an die Hochschule Trier. Seine Erfahrungen hat er in den Vorlesungen an die Studierenden weitergegeben und in mehreren Lehrbüchern veröffentlicht. Für seine Leistungen wurde er mit dem Lehrpreis des Landes Rheinland-Pfalz ausgezeichnet.

Bei seiner Arbeit hat er sich zum Ziel gesetzt, Erkenntnisse präzise, prägnant und pointiert zusammenzufassen. Dadurch wurde sein über das Fachliche hinausgehende Interesse für Aphorismen geweckt.

In lauten Zeiten
werden Weise leise.

Lesen ist Silber,
Schreiben ist Gold.

Man würde verrückt werden,
müsste man immer normal sein.

Es ist schon alles gesagt,
nur noch nicht von allen *verstanden*.

Mit jedem neuen Wissen,
wächst die Einsicht
in das Ausmaß
unseres Unwissens.

Kernproblem aller Kommunikationsprobleme:
die einen hören nicht zu
und die anderen nicht auf zu reden.

Wer Fehler macht,
macht immerhin anderen
eine Schadenfreude.

Alle wissen, was sie nicht wollen;
nur wenige wissen, was sie nicht können.

Gelegentlich lasse ich mich auf Trab bringen,
aber doch nicht dauernd auf Galopp.

Ein Armutszeugnis
ist unser Umgang mit den Reichtümern der Natur.

Das wichtigste Erbe jeder Generation
ist ihre Gene-Ration.

Andere auch bei ihren Ausreden
ausreden zu lassen,
ist wahre Höflichkeit.

Sich nichts mehr zu sagen zu haben,
bedeutet wohl eher,
sich nicht mehr zuhören zu wollen.

Kritik ist weder verletzend noch wirkungslos
~
Spott ist beides.

Die Grenzen seines Denkens zu verrücken,
verhindert verrückt zu werden.

Zu sagen, was man denkt, ist schwierig;
zu sagen, was man fühlt, schier unmöglich.

Gemeinsame Ziele bleiben nicht selten
beim Streit über den Weg auf der Strecke.

Für Philosophen
sind ihre Manuskripte
Blätter, die die Welt deuten.

Erfolg
ist eine Kette korrigierter Irrtümer
und glücklicher Zufälle.

Gesund nennen wir den Menschenverstand,
der an den gleichen Irrtümern krankt,
wie unser eigener.

Wer Wörter verbietet,
will Denken verbiegen.

Gestresste Gehirne
sind Hochbeete für Neurosen.

Unangenehme Wahrheiten werden totgeschwiegen,
angenehme oft totgeredet.

Beistand für sein Tun kann man erhoffen,
aber keinen Beifall.

Fleiß ohne Talent erreicht wenig,
Talent ohne Fleiß nichts.

Gegenwart
ist die Ankunft der Zukunft.

Wem die Jugend
nur eine Jagd nach Abenteuern ist,
dem wird das Alter
zum wahren Abenteuer werden.

Viele möchten Hauptdarsteller
im Leben anderer sein
und bleiben dabei
Statisten im eigenen.

Heute von gestern, heißt oft,
morgen wieder uptodate zu sein.

Die kürzeste Zeiteinheit
untätiger Menschen
ist die lange Weile.

Aufsässige Pubertierende werden oft ganz
anständige junge Leute.

Der Glaube baut Brücken,
wo das Wissen Gräben lässt.

Wo kein Weg ist,
ist bald auch der Wille weg.

Denke nicht darüber nach,
was die Anderen von dir denken
—
sie denken gar nicht daran,
an dich zu denken.

Wer jedem vertraut,
wird bald arm sein;
wer niemandem vertraut,
ist schon heute arm dran.

Die Wurzeln tiefgründiger Gedanken
reichen bis zum Herzen.

Der Unterschied
zwischen einem Versprechen und einer Drohung
liegt nur im Tonfall.

Natürliche Bedürfnisse können gesättigt werden
~
künstliche nicht.

Ins Gewissen kann man nur denen reden,
die eines haben.

Auch ein Genie,

wenn es mal irrt,

muss sich dafür nicht genieren.

Bei der Wahrheit bedenke, wann,

bei der Beichte, wem

und bei der Kritik, wie du sie sagst.

Wer Karriere machen will,

darf seine Zeit

nicht nur mit Arbeiten vergeuden.

Gut wird die alte Zeit, wenn wir alt
und das Gedächtnis nicht mehr so gut ist.

Probleme auf Eis zu legen,
ist die sicherste Art,
sie zu konservieren.

Irren ist menschlich
und somit kein Grund sich tierisch aufzuregen.

Schlagzeilen sind selten
hieb- und stichfest.

Tue, was du tust, stets richtig,

nimm, was du bist, nicht wichtig

und bedenke, was du hast, ist nichtig.

Den Menschen

für die Krone der Schöpfung zu halten

bedeutet,

sich schon mit Wenigem zufrieden zu geben.

Wer nicht beweisen kann, behauptet

~

wer widerlegt wird, beleidigt.

Das wirklich letzte Wort
hat das Jüngste Gericht.

Unsere Rohstoffe stammen vorwiegend
aus nachhaltigem Raubbau.

Weder Wut- noch Gutmenschen lösen Probleme,
für die man Mutmenschen braucht.

Moderne Medien produzieren Schlagzeilen
in stetig steigender Schlagzahl.

Überraschende Momente
werden in Nanusekunden gemessen.

Missstände tatenlos hinzunehmen
heißt,
den Kopf in den Sand zu stecken,
der sich im Getriebe der Gesellschaft
angesammelt hat.

Auch hohe Tiere
folgen niederen Instinkten.

Manche Träume sind zu schön,
um sie zu verschlafen.

Besser bisweilen eine falsche,
als gar keine Meinung zu haben.

Fortschritte sind die Früchte,
Fehltritte die Früchtchen unseres Tuns.

Interessiert uns,
wo die Tiere der Huf drückt?

Unglück nennen wir,
was uns durch mangelnde Umsicht zustößt.

Große Denker müssen es ertragen,
hin und wieder für Narren,
kleine Geister,
immer wieder zum Narren
gehalten zu werden.

Wer sich zum Opfer macht,
wird auch zum Täter.

Ein Lächeln
ist die Rose im Knopfloch eines Tages.

In der Glaubensflaute
liegen Kirchenschiffe havariert auf Grund.

Lose Zungen können mehr einreißen,
als fleißige Hände jemals aufbauen.

"Es hat sich wie ein Mensch benommen"
würden Schweine sich gegenseitig beschimpfen.

Gelassenheit ist die Gabe,
etwas *gut* sein lassen zu können
und gut etwas *seinlassen* zu können.

Die Sorge,
das Neueste zu verpassen,
hindert uns,
selbst für etwas Neues zu sorgen.

Vergesellschaften wollen alle:
Kapitalisten die Kosten,
Kommunisten die Profite.

Sich für dumm zu halten,
erfordert ein Quantum Klugheit.

Während die einen
ihre Reden versilbern,
lassen sich die anderen
ihr Schweigen vergolden.

Nihilisten ist alles eine Leere.

Manche Zeitgenossen sehen aus,
als hätten sie ihre Zeit
allzu ausgiebig genossen.

Aller Anfang ist schwer
~
manches Ende noch viel mehr.

Es ist doch nicht normal,
dass an jeder Ecke ein Denkmal,
aber nirgendwo ein Machmal steht.

Wer protestiert,
ohne zu motivieren,
polarisiert,
statt zu mobilisieren.

Noch schwerer als zu denken
ist es, nicht zu denken.

Es gibt Leute,
die kriegen sogar in Win-Win-Situationen Streit:
um die Bindestriche.

Wird er zu selten genutzt,
verwildert der Pfad der Tugend.

Wahrheit ist vor Gericht
eine nur gelegentlich gewählte Option.

Selbstdarsteller sind Schauspieler,
denen die Bretter vorm Kopf
die Welt bedeuten.

Versöhnlich sein heißt,
mit den Anderen,
und verliebt sein,
nicht ohne den Anderen
leben zu können.

Es fällt leichter,
beide Augen zu verschließen,
als eines zuzudrücken.

Prinzipien sind Wegweiser,
aber der Weg besteht aus Kompromissen.

Geldvermehrung ist eine Droge
und Inflation ihr Kater.

Erst im Gegenwind
erweist sich Standhaftigkeit.

Die einzige Sucht,
bei der Prävention weder möglich noch nötig ist,
ist Sehnsucht.

Fehlschläge sind Juwelen:
hart, wertvoll und nur mit Fassung zu tragen.

Die am lautesten Respekt einfordern,
verhalten sich am wenigsten so,
dass sie ihn verdienen.

Wer denkt,
etwas zu besitzen,
ist bald selbst davon besessen.

Nur die Fähigkeit,
Probleme lösen zu können,
beweist Intelligenz.

Bildung ist der Schrittmacher des Fortschritts.

Es ist ein Dilemma,
dass unter den Mitmenschen
so viele Gegenmenschen sind.

Bei manchen Usern fragt man sich,
ob sie noch richtig Ticktockern.

Beziehungen scheitern,
weil jeder den Anderen,
aber niemand die Beziehung ändern will.

Wenn finstere Gestalten um die Ecke denken,
dann nur,
um andere dort hin zu bringen.

Reaktionär ist es, zu ignorieren,
und infantil zu tun,
was die Jugend fordert.

Hilfe wird von allen groß geschrieben,
aber helfen nicht.

Guter Rat ist teuer,
ungefragter nichts wert.

Jede Generation ist überzeugt,
diesmal sei alles ganz anders.

Erfolgsaussichten sinken rapide
mit der Zahl der Ratgeber.

Hoffnung ist ein Regenbogen,
den der Trost aufleuchten lässt,
wenn er auf Tränen trifft.

Manch fromme Hand
hat am Altar den Segen
und in der Sakristei
die Schläge verteilt.

Wer Frieden will,
muss Stärke zeigen.

Katzen, die nachts blau sind,
haben morgens einen Kater.

Besserwisser sind selten Gutwisser.

"Ich habe gedacht"
meint immer:
"Ich habe nicht nachgedacht".

Den Zenit ihres Einfallsreichtums
erreichen zweitklassige Autoren
vorwiegend in ihren Autobiographien.

KI or not KI?

In *Ruhe* gelassen zu werden,
bietet die Gelegenheit,
in aller Ruhe *gelassen* zu werden.

Auf dem Wendepunkt einer Schaukel,
für einen Moment schwerelos verharrend,
den Kopf zurückgelehnt,
im blauen Himmel
einen Cumulus vorüberziehen zu sehen
~
das ist Glück.

Erfolg ist nie mühelos,
Bemühen aber oft erfolglos.

Wahre Geduld wartet,
bis sich die Eile gelegt hat.

Motivation zu fordern ist aussichtslos,
sie zu fördern alternativlos.

Idealisten erstreben das Beste
~
Realisten verhindern das Schlimmste.

Tabuthemen
sind weiße Flecken
auf weißen Westen.

Internet:
ein Netz,
gewebt aus gordischen Datenknoten.

Wer von mühelosem Wohlstand träumt,
wird in brotlosen Umständen aufwachen.

Intelligenz wirkt zuweilen arrogant,
Arroganz aber nie intelligent.

Eingebildeten Kranken
können auch ausgebildete Ärzte nicht helfen.

Arme fordern Rechte,
den Reichen genügen Privilegien.

Öfter bedauert,
was man unterlassen,
als was man unternommen hat.

In einer Gemeinschaft darf man durchaus freundlich,
in einer Freundschaft aber nie gemein sein.

Auch wenn die Zeit reif ist,
muss es der Mensch noch lange nicht sein.

Wie können immer die
als erste die Geduld verlieren,
die gar keine haben?

Zwielichtige Gestalten
werfen selbst im Dunkeln noch Schatten.

Ein Pferd zu haben,
macht noch keinen Reiter.

Störenfriede finden es dort am schönsten,
wo sie nichts zu suchen haben.

Viele streben zum Unikat
und enden dann als Unikum.

Hypochonder glauben,
das Gras wachsen zu hören,
in das sie eines Tages beißen werden.

Viel lieber,
als das was wir sollen,
tun wir das,
was wir nicht dürfen.

Wer die Zeit vertreibt,
dem läuft sie davon.

Die Basis jeder Biographie
bildet ihre Geographie.

"Alternativlosigkeit" von Entscheidungen
kaschiert die Haltlosigkeit der Argumente.

Warum gönnen wir den Lebenden
nicht den Frieden,
den wir den Verstorbenen wünschen?

Leidenschaft ist wie Feuer:
sie wärmt oder verbrennt.

Aus dem Rahmen kann nur fallen,
wer nicht richtig im Bilde ist.

Wir bereuen vor anderen,
was wir getan
und vor uns selbst,
was wir versäumt haben.

Unser Vorrat an Vernunft
wird noch unterboten von unserem Bemühen,
davon Gebrauch zu machen.

Eines schlechten Gewissens
sind nur gute Seelen fähig.

Die gute Absicht
ist eine Brille,
die die Sicht auf die Realität trübt.

Streber haben das Brett im Kopf:
das Karrieresprungbrett.

Was wir ahnen,
entspringt der Erfahrung unserer Ahnen.

Auch an der Grenze ihrer Künste
sind Mediziner noch lange nicht
mit ihrem Latein am Ende.

Das letzte Wort zu haben,
erscheint vielen wichtiger,
als den ersten Schritt zu tun.

Auch wer die erste Geige spielt,
darf nicht denken,
die andere würden nun
nach seiner Pfeife tanzen.

Denken wir,
dass oder weil wir sind?

Herrschen kann jeder,
Regieren will gelernt sein.

Wie können die auf dem Boden bleiben,
die in den Himmel gelobt werden?

Die Natur ist ein seltsames Warenhaus:
damit sie Früchte liefert,
muss man ein Feld bestellen.

Insolvenz ist die Niederlage der Zahlungen
im Rennen gegen die Zeit.

Die meisten Führungsprobleme entstehen,
weil, wer das Sagen hat,
glaubt,
sich nichts mehr sagen lassen zu müssen.

Was wir vom Leben erwarten,
ist nie das,
was uns im Leben erwartet.

Kleine Übel hinzunehmen
bereitet größeren den Weg.

Am kreativsten sind viele Redner
bei ihren Ausreden.

Die Sieger schreiben die Geschichte
und die Besiegten drehen sich im Grabe um.

Gemeinsame Feinde
können aus Gegnern Verbündete machen,
aber keine Freunde.

Populisten liefern Schlagworte
und hoffen,
dass daraus Schlagzeilen werden.

Man kann nur in sich zu sich finden,
aber die Welt ist ein vorzüglicher Navigator.

Wer glaubt,
seinen Verstand zu verlieren,
vergisst bloß,
ihn zu gebrauchen.

Gelobt wird das Versuchen,
belohnt nur das Erreichen.

Üble Nachreden
sind keine Pfeile, sondern Bumerangs.

Geld verdirbt nicht den Charakter,
es entblößt ihn.

Die Liebe zur Weisheit
beschränkt sich bei manchen Philosophen
auf eher kurze Affären.

Die Großen chauffiert man,
die Kleinen lässt man laufen.

Am Ende siegt die Wahrheit,
auch wenn das Ende oft fern
und die Lüge weit vorne ist.

Schmerzfreies Gebären
ist die Quadratur des Kreißens;
schmerzfreies Altern
die Quadratur des Greises.

Das süße Leben stößt oft sauer auf.

Astrophysiker sind fröhliche Menschen:
sie sprechen immer von Licht-,
aber nie von Schattenjahren.

Mäzene glänzen gerne
im Geldscheinwerferlicht.

Die Unfehlbarkeit eines Menschen zu behaupten,
ist ein Kardinalfehler der katholischen Kirche.

Fleiß ist eine Fähigkeit,
die viele fehlende Fähigkeiten ersetzen kann.

Nichts ist besser geeignet,
seine Inkompetenz unter Beweis zu stellen,
als ein Streitgespräch
durch heftiges Türknallen zu beenden.

Wer Versuchungen sucht,
möchte ihnen erliegen.

Durch Taten kann man,
in Texten muss man Zeichen setzen.

Originelle Einfälle sind bei vielen
rare Einzelfälle.

Nur die dürfen uns auf der Tasche liegen,
die uns auch am Herzen liegen.

Auch über den dunkelsten Wolken
scheint die Sonne.

Der Himmel hängt voller Geigen,
bis jemand die erste spielen will.

Es ist idiotisch sieben oder acht Stunden
an einem Text zu schreiben,
wenn man mit jeder KI
einen in nur zwei Minuten generieren kann.

Nicht alle neuen Besen kehren gut,
viele wirbeln nur den Staub auf.

Eine Hand,
die eine andere hält,
ballt sich nicht zur Faust.

Aus Leuten werden Menschen,
sobald man sich mit ihnen unterhält.

Das Beste genügt nicht,
wenn es nicht das Notwendige ist.

Amtsschimmel kennen keinen Galopp.

Hinter dem Ehrenwort
verschanzt sich die ehrlose Tat.

Ein Unglück kommt selten allein,
weil der vergebliche Versuch
es zu verhindern,
schon das nächste verursacht.

Wer guten Rat sucht,
der nichts kostet,
bekommt teuren Rat,
der nichts taugt.

Das Schicksal ist oft nur ein Rinnsal.

Die zu allem fähig sind,
sind für nichts zu gebrauchen.

Sich dumm zu stellen,
kann durchaus klug sein.

Jedes Werkzeug,
in falschen Händen,
wird zur Waffe.

Doppelmoral ist Unmoral.

Eine Wahlniederlage
mit der mangelhaften Erklärung
seiner Politik zu begründen
heißt, die Wähler
für zu dumm zu erklären.

Dem Recht des Stärkeren
kann nur die Stärke des Rechts
Einhalt gebieten.

Unsere Gesellschaft
hat noch einen weiten Weg
bis zur Meisterschaft.

Das größte aller Vermögen
ist ein sicheres Urteilsvermögen.

Gab es jemals eine plausible Erklärung
für eine Kriegserklärung?

So manches menschliche Benehmen
kann tierisch aufregen.

Träumer: Luftschlossherren.

Die Ablehnung der Leistungsgesellschaft
reicht selten so weit,
ihre Leistungen nicht in Anspruch zu nehmen.

Wer sich bei seinem Tun
auf glückliche Zufälle verlässt,
ist ein Narr
und ein Griesgram,
wer nicht darauf hofft.

Die das erfreut, was sie sind,
beklagen nicht, was ihnen fehlt.

Technik verspricht die Probleme zu beseitigen,
die sie verursacht hat.

Erst dann findest du an deinem Leben Gefallen,
wenn du aufhörst, anderen gefallen zu wollen.

Kaum im Ruhestand begeben sich einige
übergangslos in die Ruhelage.

Er war ein gebildeter Mensch:
mittelmäßig aus-
und übermäßig eingebildet.

Zu wünschen bleibt,
dass in einem trägen Körper
kein träger Geist wohne.

Was Künstliche Intelligenz kann,
ist Fleiß,
den wir bisher für Intelligenz hielten.

Nur wunschlos kann man glücklich sein.

Kluge Menschen sprechen,
weise schweigen aus Erfahrung.

Nutze den Tag
~
zur Not als abschreckendes Beispiel.

Die Diskrepanz zur Theorie
ist nirgendwo größer,
als in der ärztlichen Praxis.

Unfähige Unterstützer
können einer guten Sache mehr schaden,
als ihre schlimmsten Gegner.

"Ich bin am Ende"
kann am Anfang des Nachdenkens stehen und
"Ich bin" am Ende.

Aus dem Konzept gebracht zu werden,
beklagen vor allem die,
die keines haben.

Oft ist, was viel kostet, wertlos
und was wertvoll ist, kostenlos.

Nicht nur Krankheit,
auch Gesundheit will gepflegt sein.

Heute genügt es nicht, nur gut zu sein,
man muss dabei auch noch gut drauf sein.

Der Klügere gibt nach,
aber nichts zu.

Seinen Werten einen Preis zu geben
heißt, sie preiszugeben.

Du kannst alt werden,
wenn du alles aufgibst,
weswegen es sich lange zu leben lohnt.

Auch wenn sie sich als Gelassenheit tarnt,
wird Gleichgültigkeit
nicht zur Tugend.

Illusionen
sind die Früchte einer blühenden Fantasie.

Kinder brauchen Regeln
~
um dagegen verstoßen zu können.

Die überwiegende Mehrheit zählt sich
zu einer überdurchschnittlichen Minderheit.

Viele Gallenkranke wären glücklich,
hätten sie nur ein Ein-Stein-Problem.

Mit offenem Mund schweigt man nicht.

Zur Liebe sind weder die fähig,
die sich selbst nicht lieben,
noch die,
die sich selbst mehr lieben
als alles andere.

Wovon will entspannen,
wer sich für nichts einspannt?

Alle Weisheiten sind längst bekannt,
aber noch lange nicht beherzigt.

Worthülsen sind Platzpatronen.

Unpraktische Theorien sind praktisch wertlos.

Sich zu erinnern ist eine Freude,
nicht vergessen zu können eine Qual..

Eine Gesellschaft krankt,
in der es zu viele Mitläufer
und zu wenige Mitmacher gibt.

Sprache ist die Kleidung der Gedanken:
sie ist oft zu weit oder zu eng,
aber selten passend.

Besonnene sind mutig, weil sie Risiken kalkulieren,
Leichtsinnige, weil sie sie ignorieren.

Nur gleichgültigen Menschen
sind alle Menschen gleich.

Andere übers Ohr zu hauen,
kann leicht ins Auge gehen.

Eine neue Erkenntnis
ist eine überarbeitete Version eines alten Irrtums.

Auch eine Mehrheit
macht aus einem Irrtum
keine Wahrheit.

Im Falle von Schreibblockaden
sind Autoren buchstäblich entsätzt.

Denke,

was noch nicht gedacht,

sage,

was noch nicht gehört,

wiederhole,

was noch nicht verstanden wurde.

Wer immer gewinnt,

hat am meisten zu verlieren.

Die Schöpfung
scheint unter der Last ihrer Krone
in die Knie zu gehen.

Nur indem ich sie überschreite,
kann ich meine Grenzen erfahren.

Stark macht uns, was wir ver-Kraft-en.

Schaden bietet die Gelegenheit,
seine Klugheit zu vermehren
und Schadenfreude,
seine Dummheit zu beweisen.

Stadionrunden sind nichts
für Leute mit Kreislaufproblemen.

Es werden selten mehr Fehler gemacht,
als beim hastigen Versuch,
vorangegangene Fehler zu korrigieren.

Vor allem Trotteln ist es vergönnt,
mehr Glück als Verstand zu haben.

Mit jedem Gerichtsurteil
wird Justitias Waage nachjustiert.

Tun ohne Ziel ist Getue.

Zu viele geben den Geist
schon lange vor ihrem Ende auf.

Schwache werden nicht stärker,
indem man Starke schwächt.

Man kann auch aus Angst
etwas im Leben zu verpassen
zu leben verpassen.

Wie soll ich denen vertrauen,
die die Rettung der Welt versprechen,
bei sich selbst aber versagen?

Wer die Dinge nicht reifen lässt,
dem stoßen sie sauer auf.

Dasein heißt,

für andere da sein.

Ehrgeizige Dilettanten,

schrauben ihre Ansprüche hoch,

um ihr Scheitern zu adeln.

Schädlicher als hartherzige Gegner

sind halbherzige Helfer.

Starkes Übergewicht

kann man nicht auf die leichte Schulter nehmen.

Tatenlose Gefühle sind erträglich,
gefühllose Taten nicht.

Oberflächlichen Menschen
muss man nachsehen,
dass nach ihrer Ansicht
das Aussehen
das Ansehen bestimmt.

Auf Hoffnungslose warten keine Hauptgewinne.

Mieter ärgern sich mitunter
grund- und bodenlos.

Nur in seiner Muttersprache
kann man herzhaft fluchen.

Was du anderen vorwirfst,
wird dir lange nachgetragen.

Es ist ein Armutszeugnis,
wie manche mit ihrem Reichtum umgehen.

Perfektionismus ist die Unfähigkeit
Unwesentliches zu ignorieren.

Mit der Regierung muss man schon zufrieden sein,
wenn sie in guten Zeiten
nur wenig Schaden
und in schlechten Zeiten
ein wenig Nutzen anrichtet.

Manche schmieden Pläne,
haben aber weder Hammer
noch Feuer.

Wir verlieren nur die aus den Augen,
die wir nicht im Herzen tragen.

Queerdenker sind Querdenkern
nur einen Buchstaben voraus.

Wer siegen soll,
muss scheitern dürfen.

Schwieriger als zu siegen ist es,
aus dem Sieg einen Gewinn zu machen.

Entwederoderer und Sowohlalsaucher
sind unversöhnliche Stiefbrüder.

Ein Ekel betont,
auch nur ein Mensch zu sein,
wenn er sich nicht als solcher benommen hat.

Schlau zu sein kann klug,
Schläue zu zeigen ziemlich dumm sein.

Viele Worte sind des Gedankens Tod.

Amtsstuben,
in denen kein frischer Wind weht,
werden vom Amtsschimmel befallen.

Suggestive Fragen
verhindern objektive Antworten.

Beim Lügen, ist zu bedenken, was,
bei der Wahrheit, ob man sie sagt.

Flow:
Aufgaben mit Hingabe lösen.

Sich jeden Tag
über etwas anderes aufregen zu können,
ist für viele Nörgler
eine willkommene Abwechslung.

Wer sich für klug hält
und es nicht für sich behält,
ist es nicht.

Schicksalsschläge,
egal wie schwer,
tragen wir gelassen,
sofern sie andere
und nicht uns erfassen.

In ihren Schaffenskrisen
werkeln Künstler am Kreatiefpunkt.

Wut ist wie Wasser:
sie trägt oder ertränkt.

Manch fade Wahrheit wird erst genießbar,
wenn man sie mit einer Prise Lüge würzt.

Enttäuscht wird man dann,
wenn die Erwartung zu hoch
und das Erstreben zu schwach ist.

Faule Kompromisse
sind zum baldigen Verwesen verdammt.

Realismus ist die Fähigkeit,
Unmögliches
von unmöglich Scheinendem
unterscheiden zu können.

Sackgassen sind mit guten Vorsätzen gepflastert.

Moderatoren haben ihren Beruf verfehlt,
wenn sie als Agitatoren auftreten.

Bescheidenheit ist eine Tugend,
die viel lieber geschätzt,
als praktiziert wird.

Auch alberne Menschen
sind eines Tages reif.

Hängt der Haussegen schief,
ist fehlender Geldsegen
oft die eigentliche Ursache.

Man sieht, was jemand denkt,
nur an den Augen gut
~
sie sind der einzig sichtbare Teil des Gehirns.

Gerecht herrschen kann nur,
wer zu dienen gelernt hat.

Macht macht taub
für mitmenschliche Gefühle.

Die Geduld des Papiers
wird von Schreiberlingen
bis zum Zerreißen angespannt.

Wird der Wille gelobt,
gibt das Werk wohl wenig Anlass dazu.

Hypochondrie:
krankhafte Angst vor Krankheiten.

Ein Mahl ist *kein* Mahl,
meint so mancher Gourmand.

Sich zu kleiden ist die Kunst,
zu bedecken, was nicht gesehen werden soll
und so zu tun,
als wolle man bedecken,
was ins Auge springen soll.

Alles ist im Fluss,
was vorher den Bach hinunterging.

Am schärfsten
tadeln wir die Laster
zu denen wir selbst
nicht fähig sind.

Ein Vorurteil ist ein Urteil
vor der Einwirkung von Erkenntnis.

Man macht es sich zu leicht,
Andersdenkende einfach nur schwierig zu nennen.

Das eigene Glück wird für manche erst perfekt
durch moderates Unglück anderer.

Dumme schweigen sprachlos,
Kluge beredt.

Manche wollen die Welt auf den Kopf stellen,
und können kaum auf eigenen Füßen stehen.

Denen,
die nur sagen,
was anderen zusagt,
will niemand zuhören.

Jede Verallgemeinerung ist falsch
–
auch diese.

Unsere Wahrnehmung prägt unsere Wahrheit.

Viel zu oft werden viel versprechende Menschen
für vielversprechende Talente gehalten.

Wer ein kleines Lob zurückweist,
erhofft sich ein größeres.

Aller Anfang sei schwer,
soll uns glauben machen,
das Ende werde leichter.

Wer noch immer
an die Schöpfungsgeschichte glaubt,
hat wohl
den Urknall nicht gehört.

Aufmerksamkeit ist das am meisten begehrte,
aber am wenigsten gewährte Geschenk.

Alles fließt

~

bergab.

Vielen bleiben Fortschritte erspart,
weil sie sich vergebens an Fortsprüngen versuchen.

Gedankenlose sind Hohlnieten.

Die Fokussierung auf Dinge
macht blind für das Unbedingte.

Der graue Alltag
ist ein schwarzes Loch
für gute Vorsätze.

Von all dem, was ich gerne tue,
kann ich ohne Zeit, auch mit viel Geld,
nichts tun,
aber mit Zeit, auch ohne Geld,
immerhin das,
wozu ich kein Geld brauche.

Wer sein Ziel nicht kennt,
dem sind alle Wegweiser wertlos.

Zeit ist relativ
~
relativ knapp

Früher war in den Kirchen
an hohen Feiertagen
der Teufel los.

Offensichtliches Unwissen
richtet weniger Unheil an,
als vermeintliches Wissen.

Was wir uns von anderen vorstellen,
entspricht nie dem, was sie darstellen.

"Ich denke, also bin ich"

~

wer aber nicht denkt, ist auch,

merkt es bloß nicht.

Jede Laus, die einem über die Leber läuft,

in Alkohol zu ertränken,

geht oft in die Zirrhose.

Ordnung ist das halbe Leben

~

ich warte schon ganz gespannt,

wann die ordentliche Hälfte beginnt.

Unsere Person ist ein Rohling,
den wir durch unser Sein,
zu einer Persönlichkeit formen können.

Pechvögel glauben an den Zufall,
Glückspilze an ihr Geschick.

Nicht immer haben die das Sagen,
die etwas zu sagen haben.

Debakel sind am nächsten,
wenn der Triumph am sichersten scheint.

Für Trinker
mögen die Tage nicht so lang sein,
dafür aber umso breiter.

Die Rechte von Minderheiten zu schützen,
ohne ihnen Vorrechte einzuräumen,
ist die Grundlage einer gerechten Gesellschaft.

Die schönsten Reinfälle entstehen,
wenn grober Leichtsinn
auf unwiderstehliche Schwerkraft trifft.

Unfähige Bildungspolitik
ersetzt ungleiche Fähigkeiten
durch gleiche Unfähigkeiten.

Der beste Ersatz für fehlendes Talent
ist Beharrlichkeit.

Eher wird verziehen,
was jemand getan,
als was jemand gesagt hat.

Wer die Sprache überwacht,
will das Denken unterbinden.

es
ist nicht alles,
aber ohne es,
ist alles *all.*

Es sind traurige Gestalten,
denen am Anfang die Hoffnung fehlt
und am Ende nur noch die Hoffnung bleibt.

Wer sich alleine langweilt,
langweilt nicht nur sich allein.

Wo ein Wille,
ist auch immer einer im Weg.

Viele verwechseln
den Wunsch nach einem erfüllten Leben
mit einem Leben voller erfüllter Wünsche.

Das Optimum liegt nie im Extremum.

Abweichende Ansichten
werden umso schroffer attackiert,
je zweifelhafter die eigenen sind.

Zu behaupten,
dass sich ein Weg finde,
wo ein Wille sei,
ist eine Ohrfeige für alle,
die den Willen hatten,
aber keinen Weg fanden.

Die Suche nach mühelosem Erfolg
bleibt immer ein erfolgloses Bemühen.

Kurzen Prozess macht gern,
wer keinen langen Atem hat.

Hoffnung gibt Halt:

hält sie mich hoch

oder hin?

Zu zweit ist es selten einfach.

UN ser

GE samtes

WISS en.

Fällt es schwer,

Gedanken in Worte zu fassen,

ist die Versätzung gefährdet.

Schlagzeilen
sind für Betroffene zuweilen
Tiefschlagzeilen.

Die feste Überzeugung,
klüger zu sein als die Mehrheit,
haben die meisten Menschen gemeinsam.

Wer zögert,
seine Fähigkeiten zu nutzen,
fürchtet,
an ihre Grenzen zu stoßen.

Uns blüht,

was wir säen.

Index

Band 1 der „Gedanken"-Reihe:

„Später beginnt heute – Gedankensprünge in kurzen Sätzen"
Verlag BoD, 2017, ISBN: 978-374 484 1009

Vielfach zitierte Gedankensprünge:

Träume sind Blüten,
Erfahrungen Früchte des Lebens.

Verantwortung kann nicht geteilt,
aber gemeinsam getragen werden.

Am wenigsten kann man auf Menschen zählen,
die berechnend sind.

Eine Beziehung
ist eine Gleichung mit zwei Unbekannten.

Zuverlässigkeit heißt nicht,
das zu tun, womit andere rechnen,
sondern das, worauf sie zählen.

Band 2 der „Gedanken"-Reihe:

„Eigen und sinnig – Gedankenblitze aus heiterem Hirn"
Verlag BoD, 2023, ISBN: 978-375 281 2992

Vielfach zitierte Gedankenblitze:

Die Kunst der Führung
besteht im Leiten, nicht im Treiben.

Das Wollen sollte dem Können voraus sein,
aber immer in Sichtweite bleiben.

Stolz heißt,
nicht nach jedem Knochen zu schnappen
und nicht vor jedem Knüppel zu ducken.

Wahrer Erfolg besteht nicht darin,
andere zu besiegen,
sondern sie für sich zu gewinnen.

Einen sechsten Sinn wünschen sich vor allem die,
die schon mit den ersten fünf überfordert sind.